RÉPUBLIQUE FRANÇAISE

MINISTÈRE DE LA GUERRE

INSTRUCTION MINISTÉRIELLE DU 29 SEPTEMBRE 1888

RELATIVE AU

COMMANDEMENT ET ADMINISTRATION

DES DÉTACHEMENTS

DE COMMIS ET OUVRIERS D'ADMINISTRATION

ET

D'INFIRMIERS MILITAIRES EN CAMPAGNE

PARIS

HENRI CHARLES-LAVAUZELLE

Éditeur militaire

124, Boulevard Saint-Germain, 124

MÊME MAISON A LIMOGES

RÉPUBLIQUE FRANÇAISE

MINISTÈRE DE LA GUERRE

COMMANDEMENT ET ADMINISTRATION

DES DÉTACHEMENTS

DE COMMIS & OUVRIERS D'ADMINISTRATION

ET

D'INFIRMIERS MILITAIRES EN CAMPAGNE

Instruction ministérielle relative au commandement et à l'administration des détachements d'ouvriers militaires d'administration et d'infirmiers militaires aux armées en campagne (1).

Paris, le 29 septembre 1888.

CHAPITRE Ier.

COMMANDEMENT.

SECTION Ire.

COMMIS ET OUVRIERS MILITAIRES D'ADMINISTRATION.

Détachement principal dans un corps d'armée mobilisé.

Art. 1er. Les commis et ouvriers militaires d'administration, qui

---

(1) Mise à jour par l'incorporation, dans le texte primitif, des modifications qui y ont été apportées par la note ministérielle du 10 mars 1899 et la circulaire du 11 septembre 1908.

assurent les services de l'intendance dans les diverses formations d'un corps d'armée mobile, forment un seul détachement de la section (active ou territoriale) d'où ces militaires sont tirés. Ce détachement prend le nom de *détachement principal*.

Si, au moment de la mobilisation, plusieurs sections concourent à ces formations, la section dont le numéro est le plus faible reçoit les hommes provenant des autres sections. Le versement est définitif; il s'effectue au jour fixé et dans les conditions prescrites par les instructions sur la mobilisation.

Le commandement du détachement principal est exercé par un officier désigné à cet effet aux tableaux d'effectifs de guerre et, à défaut, par l'officier d'administration des subsistances militaires, que désigne le général commandant le corps, sur la proposition de l'intendant du corps d'armée.

Le détachement principal d'un corps d'armée est placé sous l'autorité supérieure du sous-intendant militaire du quartier général et de l'intendant du corps d'armée.

Détachement principal des étapes d'une armée.

Art. 2. Les commis et ouvriers militaires d'administration qui assurent les services de l'intendance dans les diverses formations qui fonctionnent dans la zone des étapes forment un seul détachement principal rattaché à celle des sections qui les ont fournis dont le numéro est le plus faible. Ce détachement principal est distinct de celui du corps d'armée portant le même numéro. Il porte le nom de détachement principal *bis* de telle section.

Les militaires des autres sections y sont versés définitivement au jour fixé et dans les conditions prescrites par les instructions sur la mobilisation.

Le commandement de ce détachement principal est exercé par l'officier désigné à cet effet aux tableaux d'effectifs de guerre et, à défaut, par l'officier d'administration des subsistances militaires attaché à la direction des étapes.

Le détachement principal des étapes est placé sous l'autorité supérieure du fonctionnaire chef du service de l'intendance des étapes et de l'intendant de l'armée.

Détachement principal d'un commandement territorial particulier.

Art. 3. Lorsqu'un commandement territorial particulier est créé en pays ennemi, les commis et ouvriers militaires d'administration employés dans les diverses places de ce commandement forment un seul détachement principal au titre de la section qu'assigne le Ministre de la guerre ou, à son défaut, le général commandant en chef les armées, l'armée ou le corps d'armée.

Les militaires des autres sections y sont versés définitivement au jour et dans les conditions que prescrivent des ordres spéciaux. Ces ordres désignent, en outre, l'officier chargé du commandement du détachement principal, ainsi que le fonctionnaire de l'intendance investi de l'autorité supérieure.

Des détachements particuliers.

Art. 4 (1). Les fractions des détachements principaux réparties, pour l'exécution du service, dans les diverses formations du corps d'armée, dans les formations ou places de la zone d'étapes, ainsi que dans les places d'un commandement territorial particulier, prennent le nom de *détachements particuliers*.

Ces détachements sont commandés par l'officier gestionnaire du service qui les emploie. Leur administration est assurée dans les conditions prévues au chapitre II de la présente instruction ; elle est centralisée au commandement du détachement principal.

Les commandants des détachements particuliers sont en rapport avec le commandant du détachement principal correspondant, et celui-ci *seul* avec le dépôt du corps à l'intérieur.

Chaque détachement particulier est placé sous l'autorité supérieure du fonctionnaire de l'intendance militaire chargé du service auquel ce détachement est affecté.

Dispositions spéciales à certaines formations.

Art. 5. Les ouvriers militaires d'administration affectés au quartier général d'une armée constituent un détachement particulier rattaché au détachement principal du corps d'armée qui les a mobilisés. Si ce dernier corps d'armée ne fait plus partie de l'armée, le détachement du quartier général forme un détachement principal distinct au titre de la section d'origine, ou bien, selon les ordres du général en chef, est versé dans un autre détachement principal.

Les ouvriers militaires d'administration affectés à une division

---

(1) Nouvelle rédaction. (Circ. du 11 septembre 1908.)

de cavalerie indépendante ou à une division d'infanterie de réserve (que cette dernière division soit isolée ou appelée à entrer dans la composition d'un groupe de divisions) constituent un détachement principal indépendant au titre de la section d'origine. Si, au moment de la mobilisation, plusieurs sections concourent à cette formation, la section qui fournit l'effectif le plus élevé reçoit les hommes des autres sections; le versement s'effectue au jour fixé et dans les conditions prescrites par les instructions sur la mobilisation. Afin d'être distingués des détachements principaux de corps d'armée ou d'étapes portant le même numéro, les détachements principaux de division de cavalerie indépendante ou de division d'infanterie de réserve ajoutent à leur dénomination la désignation de la division où ils servent (1).

Le commandement du détachement principal d'une division de réserve est, en principe, exercé par l'officier d'administration (cadre actif) comptable du convoi administratif. A son défaut il est confié à un officier d'administration du service des subsistances que désigne le général commandant la division, sur la proposition du fonctionnaire de l'intendance chargé des services administratifs de cette division, sous l'autorité supérieure duquel est placé le détachement (1).

La boulangerie de campagne étant susceptible d'être employée, tantôt dans la zone des étapes, tantôt dans la zone de son corps d'armée, le détachement particulier de cette formation est rattaché au détachement principal du corps d'armée dont elle porte le numéro.

Renforts tirés d'autres sections.

Art. 6. Si, au cours des opérations, un détachement principal reçoit des renforts tirés d'autres sections de l'intérieur ou d'autres détachements principaux d'armées, ces renforts sont, ou versés définitivement, ou mis en subsistance dans le détachement principal, selon les ordres spéciaux donnés par le Ministre de la guerre ou le général commandant en chef l'armée ou le corps d'armée.

---

(1) Rédaction nouvelle de cet alinéa. (Note du 10 mars 1899.)

SECTION II.

INFIRMIERS MILITAIRES.

Application des mêmes principes aux détachements d'infirmiers militaires.

Art. 7 (1). Des détachements principaux et particuliers d'infirmiers militaires assurant le service de santé dans les diverses formations d'armée, de corps d'armée, d'étapes, de division de cavalerie indépendante, de division d'infanterie de reserve ou dans les commandements territoriaux particuliers, sont formés d'après les principes résultant des prescriptions des articles 1 à 6 qui précèdent.

Le commandement des détachements est exercé par des officiers d'administration du service des hôpitaux militaires.

Ces officiers sont désignés et l'autorité supérieure des détachements est exercée en tenant compte des dispositions prescrites par le décret du 25 novembre 1889 sur le service de santé à l'intérieur (2) et par le décret du 31 octobre 1892 sur le service de santé en campagne (3).

En ce qui concerne le détachement principal d'une division d'infanterie de réserve, l'officier commandant doit être choisi parmi l'un des deux officiers d'administration du cadre actif affectés à l'ambulance divisionnaire.

Chaque hôpital de campagne, qu'il fonctionne dans la zone de son corps d'armée ou dans celle des étapes, forme un détachement particulier rattaché au détachement principal du corps d'armée dont il fait partie.

CHAPITRE II.

ADMINISTRATION.

Feuille de présence mensuelle.

Art. 8 (4). Dans chacun des détachements particuliers visés à l'article 4, il est ouvert, par mois, une feuille de présence des militaires de tous grades composant le détachement et de ceux qui y sont placés en subsistance.

---

(1) Nouvelle rédaction. (Note du 10 mars 1899.)
(2) Articles 13, 155, 158, 162 et notice 12.
(3) Abrogé et remplacé par le decret du 20 février 1909. Voir articles 11, 13, 17, 18, 19, 26 et 28.
(4) Nouvelle rédaction. (Circ. du 11 septembre 1908.)

Cette feuille (modèle n° 1 annexé à la présente instruction) relate sommairement les mouvements du détachement, les mutations, l'effectif journalier, le nombre des subsistants et le nombre de journées de présence décomposés par grade. Elle mentionne également le nombre de rations de vivres pour lequel des bons ont été établis ou des reçus de prestations délivrés.

La feuille de présence contient, enfin, le décompte des prestations payées au titre de la solde pour le mois échu. Elle est certifiée, décomptée et arrêtée par le commandant du détachement particulier.

Les mutations sont justifiées par les pièces ordinaires (ordres de route, billets d'hôpital, ordres de mise en subsistance ou de cessation de subsistance, etc.). Lorsque des mutations ne peuvent être appuyées d'une pièce justificative, l'officier commandant le détachement particulier établit une déclaration pour en certifier les causes. Il y inscrit le détail de ces mutations, qui doivent être toujours présentées nominativement.

Les feuilles de présence sont imprimées par les soins du quartier général de l'armée (sous-intendant militaire sous l'autorité duquel sont placés les détachements principaux) et aux frais du budget de la guerre (administration centrale, service intérieur), qui remboursera le montant des dépenses aux intéressés sur la production des justifications nécessaires.

Le premier approvisionnement est fourni directement, et à titre gratuit, par l'administration centrale.

Payement de la solde.

Art. 9 (1). Le commandant du détachement particulier paye, au moyen des fonds d'avances dont il dispose, en tant que comptable d'un service régi par économie :

1° A la fin de chaque mois, la solde des sous-officiers à traitement mensuel (sur état émargé) ;

2° Les 1er, 11 et 21 de chaque mois, le prêt des hommes de tous grades à solde journalière.

A cet effet, il inscrit la dépense correspondante dans un chapitre particulier ouvert à la gauche de son registre-journal des recettes et dépenses d'exploitation.

Dans le cas où le commandant d'un détachement particulier n'aurait pas de fonds d'avances comme comptable d'un service régi par économie, ou si ces fonds étaient insuffisants, le commandant du détachement principal lui ferait, une fois pour toutes, une avance fixe correspondant à la dépense d'un mois.

---

(1) Nouvelle rédaction. (Circ. du 11 septembre 1908.)

Remboursement aux commandants des détachements particuliers.

Art. 10 (1). A l'expiration de chaque mois, chaque commandant de détachement particulier envoie, au commandant du détachement principal, une expédition de la feuille de présence et les pièces à l'appui.

Le commandant du détachement principal vérifie les nombres de journées et les décomptes, rectifie d'office, s'il y a lieu, et arrête à nouveau le décompte total.

L'établissement et la perception des états de solde a lieu, pour l'ensemble des divers établissements particuliers, dans la forme et aux époques déterminées par le règlement sur la solde.

Le montant de chaque feuille de présence est remboursé par le commandant du détachement principal aux commandants des divers détachements particuliers soit directement, soit au moyen de mandats sur le Trésor.

Le commandant de chaque détachement particulier inscrit la recette au chapitre spécial de son registre-journal des recettes et dépenses de l'exploitation.

Vivres et effets ou objets d'habillement ou de campement.

Art. 11. Le commandant de chaque détachement particulier établit et signe les bons de vivres ou les reçus de prestations; il veille à la perception, à la répartition et à l'emploi des vivres distribués. Les bons sont établis au titre du corps administrateur, et mentionnent le détachement particulier auquel ils s'appliquent. Ils sont enregistrés sommairement sur la feuille de présence, comme il est dit à l'article 8.

Les effets du service de l'habillement et du campement nécessaires aux hommes d'un détachement sont, autant que possible, demandés et délivrés par les soins du commandant du détachement principal. Lorsque les distances s'y opposent, le commandant du détachement particulier établit, au titre du corps administrateur, un bon numérique d'effets qui, après visa du sous-intendant, est perçu, selon le cas, à un magasin de corps assigné ou à un magasin administratif. Le commandant du détachement principal est informé par le compte rendu nominatif annexé à la feuille de présence mensuelle.

---

(1) Nouvelle rédaction. (Circ. du 11 septembre 1908.)

Ecritures à tenir par le commandant du détachement principal.

Art. 12 (1). Le commandant du détachement principal établit, pour le détachement placé directement sous ses ordres, les mêmes écritures que celles qui sont prescrites pour les détachements particuliers. Il centralise les comptabilités de tous ces détachements et tient le carnet de comptabilité en campagne, sur lequel il inscrit, chaque mois, les résultats du mois écoulé pour ces détachements.

Un compte particulier est ouvert à chaque détachement, aux divers chapitres du carnet et les trois inscriptions correspondant aux trois mois du trimestre y sont portées dans l'ordre chronologique. Chaque comptabilité est totalisée trimestriellement. Une récapitulation trimestrielle clôture chaque chapitre et donne le total général pour le détachement principal.

Le commandant du détachement principal se conforme, d'ailleurs, aux dispositions prévues par les règlements sur l'administration des corps en campagne pour les envois de documents de comptabilité à faire au dépôt du corps à l'intérieur. Il agit comme capitaine commandant une unité isolée ou formant corps.

Les livrets matricules de tous les détachements sont envoyés, à la mobilisation, au commandant du détachement principal, chargé de les tenir à jour.

Le sous-intendant militaire chargé de la vérification des comptes du détachement principal reçoit du commandant de ce détachement les mutations en bloc à l'expiration de chaque mois et les transmet à son collègue chargé de la vérification des comptes du dépôt.

Les feuilles de présence, après inscription au carnet de comptabilité, sont envoyées successivement au dépôt avec les pièces justificatives à l'appui. Elles tiennent lieu de situations journalières.

Dispositions spéciales aux isolés des sections employés
dans les quartiers généraux.

Art. 13. Les isolés des sections employés dans les quartiers généraux sont mis en subsistance dans le corps chargé de l'administration des divers isolés des quartiers généraux, conformément aux instructions spéciales sur la matière.

Ils cessent, dès lors, de compter, pour les prestations en deniers ou en nature, au détachement principal dont ils faisaient partie. Mais ils continuent à figurer, pour ordre, au contrôle général de ce détachement, dont ils relèvent pour les questions relatives au commandement et notamment à l'avancement.

---

(1) Nouvelle rédaction. (Circ. du 11 septembre 1908.)

MODÈLE N° 1.

° ARMÉE

° CORPS D'ARMÉE.

° DIVISION.

Articles 8 et 12 de l'instruction du 29 septembre 1888. modifiée le 11 septembre 1908.

° SECTION (1)

D (2)

(1) Active ou territoriale.

(2) Commis et ouvriers militaires d'administration *ou* infirmiers militaires.

(3) Du corps d'armée *ou* des étapes de la   armée.

(4) Convoi administratif de
ou convoi auxiliaire de
ou hôpital de campagne de
ou ambulance de
ou commandement d'étapes de
ou station tête d'étapes de guerre.

Désignation du détachement principal (3).... }   DÉTACHEMENT PRINCIPAL

Désignation du détachement particulier (4).... }

Nom et qualité de l'officier commandant..... }

FEUILLE DE PRÉSENCE DE DÉTACHEMENT

pour le mois d   19   .

RENSEIGNEMENTS SUR LES DIVERSES POSITIONS

DU DÉTACHEMENT.

Pièces justificatives à joindre à la feuille de présence.

A) Pièces de mutations de toutes sortes ou, à défaut, déclarations de mutations.

B) Copie des ordres de mouvement

C) Ordres relatifs aux allocations extraordinaires en vivres.

D) État émargé par les sous-officiers a solde mensuelle.

E) Feuilles de prêt de militaires à solde journalière.

F) Bons, bulletins de mouvement. de réparations, procès-verbaux de pertes, etc.

G) Demandes d'effets d'habillement et de campement.

H) État des effets d'habillement délivrés.

(I) D'une manière générale toute pièce de nature à appuyer la comptabilité.

§ 1er. — SOUS-OFFICIERS A SOLDE MENSUELLE.

GRADES.	NOMS.	MUTATIONS.	NOMBRE de JOURNÉES pendant le mois	JOURNÉES de RAPPEL.(1) de présence.	JOURNÉES de RAPPEL.(1) d'absence.	TOTAL des JOURNÉES de présence.	TOTAL des JOURNÉES d'absence.	TARIF DE SOLDE par journée de présence. (fr. c.)	TARIF DE SOLDE par journée d'absence. (fr. c.)	DÉCOMPTE. SOLDE de présence.	DÉCOMPTE. SOLDE d'absence.	NOMBRE DE RATIONS de vivres comprises sur les bons de distributions ou reçus de prestations (Pour mémoire.)	OBSER- VATIONS.
ADJUDANTS. A partir de la 12e année de service...........								5 50	2 75				
ADJUDANTS. De la 9e à la 11e année de service inclus.....								5 30	2 65				
ADJUDANTS. De la 6e à la 8e année de service inclus.......								5 10	2 55				
SERG.-MAJORS. A partir de la 12e année de service...........								4 10	2 05				
SERG.-MAJORS. De la 9e à la 11e année de service inclus......								3 90	1 95				
SERG.-MAJORS. De la 6e à la 8e année de service inclus.....								3 70	1 85				
SERGENTS. A partir de la 12e année de service...........								3 80	1 90				
SERGENTS. De la 9e à la 11e année de service inclus......								3 60	1 80				
SERGENTS. De la 6e à la 8e année de service inclus......								3 40	1 70				
							Totaux..........						
							Total général...						

(1) Les journées de rappel doivent être justifiées dans la colonne « Observations ».

§ 2. — SOUS-OFFICIERS A SOLDE OURNALIÈRE, CAPORAUX ET SOLDATS.

DATES	MUTATIONS SOMMAIRES	JOURNÉES DE PRÉSENCE.						EFFECTIF journalier.	SUBSIS- TANTS.	OURNÉES DE RAPPEL (sous-officiers ervant au delà de la durée légale) (1).						HAUTES PAYES (NOMBRE DE).										NOMBRE DE RATIONS de vivres comprises sur les bons de distribution ou reçus de prestations journalières. — Pour mémoire.	OBSERVATIONS.
		Adju- dants.	Ser- gents- majors.	Ser- gents.	Capo- raux four- riers.	Capo- raux.	Soldats.			Adju- nuts. sen e.	Ser- gents- majors. Absence.	Présence.	Absence.	Ser- gents. Présence.	Absence	Sous-officiers. à	à	à	Caporaux. à	à	à	à	Soldats. à	à	à		
1er..																											
2...																											
3...																											
4...																											
5...																											
6...																											
7...																											
8...																											
9...																											
10...																											
11...																											
12...																											
13...																											
14...																											
15...																											
16...																											
17...																											
18...																											
19...																											
20...																											
21...																											
22...																											
23...																											
24...																											
25...																											
26...																											
27...																											
28...																											
29...																											
30...																											
31...																											
Totaux des jour- nées. Journées de rap- pel (1).																											Certifié la présente feuil- le de présence par nous (2), com- mandant le dé- tachement particulier. A le 19
TOTAUX GÉNÉRAUX.																											

(1) A justifier dans la colonne « Observations ».

(2) Nom et grade.

DÉCOMPTE.

§ 1er. — SOUS-OFFICIERS A SOLDE MENSUELLE.

Report du total général du paragraphe premier.............. ci.

§ 2. — SOUS-OFFICIERS A SOLDE JOURNALIÈRE.

CAPORAUX ET SOLDATS.

A. — Solde et alimentation.

	JOURNÉES		TARIF.			DÉCOMPTE.			
			SOLDE			SOLDE			
	de présence.	d'absence.	de présence.	d'absence.	Prime fixe d'alimentation.	de présence.	d'absence.	Prime fixe d'alimentation.	
Adjudants........			2 44	1 53	(1)				
Sergents-majors..			1 02	0 83					
Sergents			0 72	0 68					
Caporaux fourr..			0 52	»					
Caporaux........			0 22	»					
Soldats..........			0 15	»					
TOTAUX............									

TOTAL GÉNÉRAL..... ci.

B. — Hautes payes.

	SOUS-OFFICIERS.			CAPORAUX.			SOLDATS.		
Taux....									
Nombre de journées..........									
Décompte partiel.									

Decompte total des hautes payes.... ci.

Decompte total de la feuille de présence................

ARRÊTÉ le présent décompte à la somme de

Vu :

Le Sous-Intendant militaire chargé de la vérification des comptes du détachement particulier,

Vu :

Le Sous-Intendant militaire chargé de la vérification des comptes du détachement principal,

A   , le   19 .

(2)

Après vérification et rectification d'office, le Commandant du détachement principal arrête le décompte de la présente feuille à

A   , le   19 .

(3)

---

(1) Intérieur................ 0 fr. 20
Algérie. Territoire civil. Tunisie................ 0 fr. 24
Algérie. Territoire militaire. 0 fr. 26

(2) Signature du Commandant du détachement particulier.
(3) Signature du Commandant du détachement principal.

MODÈLE Nº 2.

—

Instruction
du 29 septembre 1888.

ÉTAT des effets ou objets d'habillement distribués pendant le mois d   (1).

NUMÉROS ma-tricules.	NOMS.	GRADES.	DÉSIGNATION DES EFFETS OU OBJETS distribués pendant le mois écoulé.	DATE de la distri-bution.	CORPS OU MAGASIN dis-tributeur.

A   , le   19

Le Commandant du détachement particulier,

(1) A annexer, s'il y a lieu, à la feuille de présence mensuelle.

TABLE DE L'INSTRUCTION

CHAPITRE Ier.

COMMANDEMENT.

SECTION Ire.

COMMIS ET OUVRIERS MILITAIRES D'ADMINISTRATION.

SECTION II.

INFIRMIERS MILITAIRES.

CHAPITRE II.

ADMINISTRATION.

MODÈLES.

Imprimerie militaire
Henri CHARLES-LAVAUZELLE
PARIS ET LIMOGES